Cecile Biccari

Aus dem Französischen
von Silv Bannenberg

Naïade Lacolomb

DEIN GELD UND DIE WELT

Was du mit deinem Taschengeld
alles bewirken kannst

Für Kayla und Aaron und für alle Kinder, die mich mit ihren Fragen dazu inspiriert haben, dieses Buch zu schreiben. Nun ist es an euch, es fortzusetzen.
C. B.

Um einer Zukunft, die wir gemeinsam aufbauen, Farbe zu geben. Um neue Generationen zum Denken anzuregen und um ihnen zu helfen, Hand in Hand mit früheren Generationen voranzukommen!
N. L.

Dein Geld und die Welt wurde 2024 mit dem SKBI-Preis der MAIA Awards ausgezeichnet, ein Preis für nachhaltige Finanzbildung.

Der Verlag HELVETIQ wird vom Bundesamt für Kultur mit einem Strukturbeitrag für die Jahre 2021–2025 unterstützt.

Mit Unterstützung der Ethos Stiftung ethos

Dein Geld und die Welt
Was du mit deinem Taschengeld alles bewirken kannst

Text: Cecile Biccari
Illustrationen: Naïade Lacolomb
Satz und Layout:
Ajša Zdravković, Chloé Châtelain
Übersetzung aus dem Französischen: Silv Bannenberg
Lektorat: Myriam Sauter
Korrektorat: Ulrike Ebenritter

ISBN: 978-3-03964-044-7
2. Auflage: Februar 2025
Hinterlegung eines Pflichtexemplars in der Schweiz: März 2024
Gedruckt in Lettland

Mittlere Straße 4
CH-4056 Basel
Schweiz

HELVETIQ helvetiq.com

Teil der Kollektion morgen
Die Kollektion *morgen* setzt sich für eine gerechtere Welt ein.

FSC www.fsc.org MIX Papier | Fördert gute Waldnutzung FSC® C008322

INHALT

NORAS SCHATZ

Omi?
Ja, Nora?
Können Opi und ich neue Brokkoli-Kekse backen, wenn wir wieder zu Hause sind?
Schon wieder? Ihr habt doch vorhin erst welche gebacken!
Dann vielleicht eine Fahrradtour?
Wenn wir nachher noch fit genug sind …
Jaaa! Sind wir!!
Und was möchtest du morgen machen?
Äh … Darf Tim am Nachmittag zu mir kommen? Wir wollen Brokkoli-Kekse essen …
… und danach shoppen gehen …
… oder in der Bibliothek Comics lesen.
OMI!
Oh!
Ah!

Hast du dir wehgetan?
Keine Sorge, Nora. Ich bin mit einem Schrecken davongekommen.
Über was bin ich da eigentlich gestolpert?
Sieht aus wie eine Schatztruhe!
LASS UNS REINGUCKEN!
Oh! So viele Münzen!
WOW!
Und was machen wir jetzt damit?
Keine Ahnung!
Normalerweise findet man den Schatz doch erst am Ende der Geschichte …
PSSST!
Vielleicht kann ich euch helfen?

Hast du das gehört?
Guten Tag, ihr beiden!
Ich heiße Kiko und ich bin Experte für Schatzwirtschaft!
Experte für was?
Für WIRT-SCHAFT. Der Umgang mit Geld ist keine Kleinigkeit.
Na, hoffentlich sagst du die Wahrheit! Nicht, dass du mir noch mein Geld stiehlst!
Keineswegs, so war das nicht …
Wenn du damit abhaust, hole ich dich ganz fix ein, verlass dich drauf! Ich kann superschnell rennen.
Nicht doch, so war das nicht gemeint!
Ich stehle doch nicht. Ich will nur helfen!
Na gut, ich glaube dir. Und was machst du so als Experte für Schatzwirtschaft?
Ich kann dir viele Schatzwirtschafts-möglichkeiten zeigen!
Siehst du die Türen hier? Hinter jeder lernst du eine andere Weise kennen, wie du deinen Schatz nutzen kannst.
Und, hast du Lust, mich auf dieses Abenteuer zu begleiten?
JAAA!
Können wir mit, Omi?
Auf geht's!
Nur zu, Nora! Ich bleib hier und mach noch ein bisschen Yoga.

WUAH!
Hier gibt's ja so viele Sachen!
Wofür soll ich den Schatz nur ausgeben? Am liebsten würde ich das ganze Geschäft leerkaufen …
So viele Süßigkeiten …
Hast du schon mal Zuckerwatte mit Karamellgeschmack probiert?
Nein!
Ich schon, ist nicht zu empfehlen.
Anfangs war's megalecker. Aber dann hab ich so viel davon gegessen, dass ich Bauchschmerzen hatte.

Wie sieht's aus, Nora, wirst du fündig?
Na ja … Am liebsten würd ich alles nehmen!
Hm … Wie wär's mit einem Ball? Keine schlechte Idee, oder?
Ja! Dann könnten wir zusammen spielen!
Oder …
Ein tolles Mikro! So eins wünsch ich mir schon lange für die Karaoke-Abende mit Opi!
Ach, nein! Es ist echt teuer.
Ich hab nicht genug Geld.
Keine Sorge, Nora! Du musst deinen Schatz ja nicht sofort ausgeben.
Lass uns noch durch eine andere Tür gehen. Nimm meine Pfote.
TADAA!
Unglaublich!
Bereit für ein neues Abenteuer?
Na klar!

Oh!
Wo sind wir?
Wir sind jetzt hinter der »Rücklagen«-Tür!
Rücklagen? Was bedeutet das?
Das ist wie sparen.
Du legst dein Geld für später zurück.
Pfff ... wie langweilig! Und was soll das bringen?
Gute Frage! Die Antwort ist übrigens schon darin enthalten.
Psst!
Hihi, lustig! Sieht ja aus wie mein Sparschwein!
Hallo, Nora!
Wie?! Du kannst sprechen?
Kiko, ein lebendes Sparschwein!!
Na, und ich!? Eine sprechende Maus wundert dich offenbar nicht.
Na ja, nur, wenn ich was zu sagen habe.
Da hast du recht ...
Was machst du hier, Schweinchen?
Ich bin hier, damit du mir dein Geld gibst.
Ich passe so lange darauf auf, bis es mehr geworden ist oder du entscheidest, was du damit machen willst.

Einverstanden. Hier!
Und was machen wir jetzt?
Na, jetzt …
… warten wir!
O.k.!
Und jetzt?
Wir warten weiter.
Und was passiert, während wir warten?
Gar nichts. Bei mir schläft das Geld.
Dauert ziemlich lange …
Hallo!
Ich seh euch da neben einem Sparschwein warten.
Vielleicht hab ich eine bessere Lösung für euch.
Wieder eine, bei der man stundenlang umsonst wartet?
Ja, man wartet. Aber nicht umsonst. Kommt mit, ich erklär's euch.
Habt ihr Lust, die Bank zu besichtigen, in der ich arbeite?
Eine Bank?
Ja! Wirst schon sehen: Hier arbeitet das Geld hart. Folgt mir!

Wenn du uns deinen Schatz anvertraust, bekommst du später beim Abholen mehr Geld von uns zurück.
Ach so?! Aber wie kann das sein?
Das ist möglich, weil die Bank dein Geld in der Zwischenzeit an jemanden verleiht, der es braucht.
Diese Person zahlt der Bank Zinsen: Sie gibt ihr ein wenig mehr zurück, als die Bank ihr geliehen hat. Und ein Teil davon ist für dich.
Deshalb bekommst du ein bisschen mehr Geld zurück, als du der Bank anfangs überlassen hast.
Also bringt das Sparen was!
Ganz genau! Und am besten fängst du so früh wie möglich damit an.
Je länger du dein Geld der Bank überlässt …
… umso mehr Zinsen sammeln sich an und umso mehr Geld kriegst du.
Das ist ja wunderbar! Dann hab ich bald mein Traum-Mikro!
Na ja, es dauert schon eine Weile.

O.k., ich hab's verstanden. Kann ich eigentlich sicher sein, dass die Bank auch gut mit meinem Geld umgeht?
Könnten Sie es jemandem leihen, der Fahrräder herstellen will, …
… aber auf keinen Fall jemandem, der seine Produkte an Tieren testet?
Natürlich. Alles ist möglich.
Na, möchtest du ein Bankkonto eröffnen?
Ja, aber vorher will ich noch wissen, was ich noch alles mit dem Geld machen könnte.
!!

Hopp!
Wo sind wir, Nora?
Das ist eine Schule in meinem Viertel.
Ich komme oft hier vorbei und bin ganz traurig, weil sie so heruntergekommen ist. Vielleicht können wir mit dem Geld helfen?
Gute Idee!
Guten Tag, Herr Direktor!
Guten Tag. Bist du eine neue Schülerin?
Nein, ich habe einen Schatz gefunden und möchte der Schule etwas spenden.
Das ist aber nett! Wir wollten ohnehin anstelle der alten Rutsche eine große Hüpfburg anschaffen.
Gesagt …
… getan!
Echt cool!
WOW!

Das wird sie freuen.
Endlich Pause!
JAHAA!
Sie kommen!
Endlich!
Juhuu!
Schaut mal!
Eine Hüpfburg!
Kinder, bedankt euch ganz herzlich bei Nora! Dank ihrer großzügigen Spende könnt ihr euch nun austoben auf dieser tollen …
Jaaa! Hurra!
… Hüpfburg.
Juhuu!!
Echt super!
Danke Nora!
Voll cool!
Genial!
Wow!
Aah!
Oh nein! Die Hüpfburg verliert Luft!!

Es ist jammerschade! Die Kinder waren so glücklich …
Zu dumm, ich hab kein Geld mehr, um die Hüpfburg zu reparieren.
Wir hätten vorsichtshalber was behalten sollen …
Vielleicht können wir ihnen irgendwie anders helfen?
Ja, ich hab eine Idee …
Mit einem angeknabberten Apfel?
Hopp!
He, Kinder! Habt ihr Lust, Apfelbäumchen zu züchten?
Geniale Idee!
Das wird sie für einen Moment beschäftigen!
JAAA!
Das ist super!
Dann mal schnell her mit dem Werkzeug!
Danke, Kiko! Anderen zu helfen, fühlt sich wirklich so an, als hätte man Superkräfte!
Ja, und es gibt tausend Wege, wie man helfen kann! Mit Zeit, Geld, Kraft oder sogar mit Sachen, die man selbst nicht mehr braucht …

Auch wenn's nur eine Kleinigkeit ist …
… kannst du ziemlich viel bewirken!
Das einzige Problem ist, dass ich jetzt kein Geld mehr habe.
Sollen wir trotzdem noch die letzte Tür erkunden?
Einverstanden. Auf geht's!
Und durch welche Tür sind wir diesmal gegangen?
Wir sind durch die »Investieren«-Tür.
Das bedeutet: Man unterstützt mit seinem Geld die Entwicklung einer Idee.
Wenn's eine gute Idee ist, kann sie dir mehr Geld einbringen!
Oh, Tim! Trifft sich gut, dass du da bist!
Hi, wie geht's?
Ganz gut! Sag mal, wolltest du nicht einen Slime-Vergnügungspark eröffnen?
Stimmt! Aber dafür brauch ich erst mehr Taschengeld.
Musst nicht länger warten!
Ich hab einen Schatz gefunden. Und ich will in deinen Park investieren!

Vielen Dank, Nora!
Gern geschehn!
SLIMELAND
Autsch!
Habt ihr euch wehgetan?
Ehm ...
Wow! Alles ist grün!
Seht nur! Wir sind nicht mehr die Einzigen ...
Oh, tatsächlich!
Lasst uns schnell aufmachen und Tickets verkaufen!
Guten Tag!
Willkommen im Slime ...
... land!

Einmal, bitte!
Ich auch!
Hier!
Wir müssen richtig viele Tickets verkaufen, wenn wir so viel einnehmen wollen, wie du mir geliehen hast – oder sogar mehr!
Mach dir keine Sorgen, Tim. Guck dir die ganzen Leute an! Alle wollen rein!
Das Schleimbad ist der Knaller!
Ich hab's überall in den Haaren!
Aah! Wie das klebt!!
Helft mir! Ich steck fest!
Hihihihi!
Achtung, ich komme!
Grmpf! Seit fünf Minuten versuch ich, aus dieser ekligen Blase rauszukommen!
Die Schleimblasen sind ein Riesenspaß!
Ich will raus!
Pfff...
Alles läuft super! Also kein Stress.
Hier, für dich!
He! Ihr da!
Euer Park ist doof!
Geld zurück!
Buuh!
Mein Bruder steckt in der Schleimblase fest.
Meine Schwester hat Slime ...
... in der Nase
ECHT TOTAL EKLIG!
!!

Buuh!
Geld zurück!
Schrecklich!
Igitt!
Der totale Reinfall…
Das Schwimmbad ist ganz schmutzig und ich hab nicht genug verdient, um es reinigen zu lassen.
Ich kann dir noch nicht mal was zurückzahlen.
Nicht schlimm, den Versuch war's wert!
Danke für alles!
Bis bald, Tim!
Der Slime ist zwar lustig, aber nicht sehr praktisch!
Tja, am besten investiert man in was Nützliches, das vielen Leuten gefällt.
Ja. Außerdem sind die einfachsten Ideen eh oft die besten.
Brokkoli-Kekse zum Beispiel. Die sind lecker und sogar gesund!
Hab ich selbst gebacken. Willst du probieren?
Mmmm!
Echt lecker!

Siehst du? Mit denen hätten wir bestimmt Erfolg!
Ja, das wär eine super Investition!
Hallo Omi!
Hallo Nora! Na, hast du herausgefunden, was du mit dem Schatz machen willst?
Ich kann mich nicht entscheiden, es gibt so viele Möglichkeiten!
Fassen wir zusammen! Möchtest du lieber …
… dein Geld für später aufheben, noch mehr Geld dazubekommen oder es sofort ausgeben?
Tjaaa … Alles ein bisschen.
Was hat dir am meisten Freude gemacht?
Einen Ball zu kaufen oder eine Hüpfburg zu verschenken?
Eigentlich hätt ich mir lieber das Mikro gekauft.
Und was, denkst du, war die beste Wahl sowohl für die andern als auch für die Umwelt?
Der Obstgarten und die Brokkoli-Kekse.
Und die schlechteste?
Der Slime-Park.
Gut, ich teile den Schatz auf! Jeden Teil nutze ich für eine andere Option.
Aber zuerst will ich noch mehr über die Schatzwirtschaft wissen!
Umso besser! Mir nach!

Juhuuu!

GELD IN UNSEREM LEBEN

WOZU BRAUCHEN WIR GELD?

Solange wir Kinder sind, bezahlen die Eltern für unser Essen, unsere Kleidung und unser Zuhause. Je älter wir werden, desto unabhängiger werden wir. Wenn wir erwachsen sind, müssen wir alles, was wir brauchen, selbst kaufen. Und dafür müssen wir Geld verdienen.

Geld verdienen

1 Du hast etwas zu verkaufen: Du machst zum Beispiel leckere Limonade.

2 Jemand anderes hat Lust auf Limonade.

3 Du bekommst das Geld und die andere Person die Limonade.

Um Geld zu verdienen, verkauft man Produkte oder Dienstleistungen. Ein Produkt ist etwas, das hergestellt wurde: ein Perlenarmband oder ein Schokoladenkuchen zum Beispiel. Eine Dienstleistung ist eine Tätigkeit wie staubsaugen oder auf die Nachbarskinder aufpassen, während ihre Eltern ins Kino gehen.

Spielend lernen

Ein Kind zu sein ist toll. Wir lernen die ganze Zeit – sogar ohne es zu merken. Ob in der Schule oder beim Spielen mit Freundinnen und Freunden: Wir entdecken viele Dinge, die später nützlich sind, um einen Beruf zu wählen und eigenes Geld zu verdienen.

Die eigene Leidenschaft zum Beruf machen

Als Kind spielte Rachel Carson gern in der Natur und dachte sich Geschichten aus. Sie war eine der ersten Frauen, die als Meeresbiologin gearbeitet hat. Dann verband sie beide Leidenschaften und wurde Schriftstellerin. Eins ihrer Bücher, *Der stumme Frühling*, erklärt den schädlichen Einfluss von Pestiziden auf die Umwelt und auf Vögel. Damals, in den 1960er-Jahren, haben sich viele Leute über sie lustig gemacht. Aber ihr Buch wurde zu einem Riesenerfolg. Es hat sogar eine breite Umweltbewegung ins Leben gerufen.

Rachel Carson

Taschengeld

Wenn Kinder alt genug sind, geben ihnen die Eltern oft ein bisschen Taschengeld, damit sie lernen, mit Geld umzugehen, zu sparen und es auszugeben.

KINDERARBEIT STOPPEN!

Leider gehen einige Kinder nicht zur Schule und sind stattdessen gezwungen, jeden Tag auf Feldern, in Fabriken oder Bergwerken zu arbeiten. Dadurch können sie nicht lesen und schreiben lernen oder sich entfalten. Oft leben sie in armen Ländern und stellen Dinge her, die in reiche Länder verkauft werden.

Jedes siebte Kind ist gezwungen zu arbeiten, statt zur Schule zu gehen. Das sind mehr als 200 Millionen Kinder auf der ganzen Welt.

Die Kinderrechtskonvention schützt Kinder auf gesetzlicher Ebene. Auch du kannst helfen, indem du keine von Kindern hergestellten Dinge kaufst.

WAS IST EIN UNTERNEHMEN?

Wenn mehrere Leute im Team zusammenarbeiten, um neue Produkte zu erschaffen oder neue Dienstleistungen zu entwickeln, gehören sie zu einem Unternehmen. Als Gegenleistung für ihre Zeit und ihre Arbeit bekommen sie Geld: den Lohn.

1 Material einkaufen (Stoffe, Reißverschlüsse, Knöpfe ...)

Stell dir vor, du hast dir gerade einen Rucksack gekauft. Welche Ausgaben hatte das Unternehmen, um ihn herzustellen?

2 Löhne an alle bezahlen, die an Herstellung und Verkauf des Produkts beteiligt sind (indem sie das Design des Rucksacks entwerfen, ihn nähen, transportieren und verkaufen)

3 Produktionsmaschinen kaufen (um Stoffe zu färben, den Rucksack zu nähen usw.)

4 Produktionsstätten (Fabrik) und Läden mieten

5 Die Rucksäcke von der Fabrik in die Läden bringen

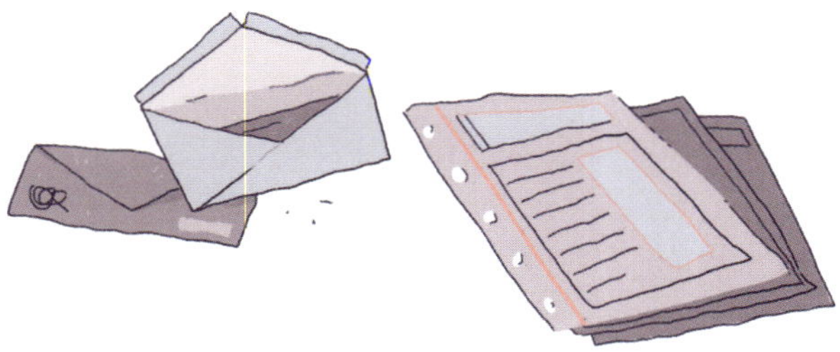

6 Steuern an den Staat zahlen, damit Straßen gebaut, Städte beleuchtet, die Mülltonnen geleert werden usw.

Jeder Vorgang ist wichtig und steigert den Wert. Das Unternehmen muss dafür auch etwas bezahlen: Alle Vorgänge zusammen nennt man Produktionskosten.

Wie viel kostet das?

Normalerweise ist der Preis, den Kundinnen und Kunden bezahlen, höher als die Produktionskosten. Denn um weiter zu existieren, muss das Unternehmen mindestens so viel Geld einnehmen, wie die Rucksackherstellung gekostet hat – am besten noch ein bisschen mehr. Das nennt man den Gewinn.

Dank des Gewinns kann das Unternehmen sich weiterentwickeln, mehr Rucksäcke oder andere, ähnliche Dinge herstellen (zum Rucksack passende Mäppchen zum Beispiel).

Wert schaffen

Wert schaffen ist wie ein Puzzle machen: Einmal fertig gepuzzelt ist es schöner als in Einzelteilen. Auch der Rucksack ist fertig zusammengenäht nützlicher als in einzelnen Teilen. Das Unternehmen hat Wert geschaffen, indem es ihn hergestellt hat. Deshalb sind die Leute bereit, etwas mehr auszugeben – sie kaufen den Rucksack lieber, als ihn selbst herzustellen.

Achtung: Wert schaffen und Geld schaffen dürft ihr nicht verwechseln. Das sind zwei ganz verschiedene Dinge. Wir kommen später darauf zurück (S. 67).

Warum sind manche Rucksäcke teurer als andere?

Ein Rucksack kann teurer sein, wenn …

… er aus Materialien von höherer Qualität oder auf eine menschen- und umweltfreundlichere Weise hergestellt wurde. Zum Beispiel wenn die Farben des Rucksacks aus natürlichen Pigmenten gewonnen werden oder die Leute, die ihn herstellen, einen angemessenen Lohn für ihre Arbeit bekommen.

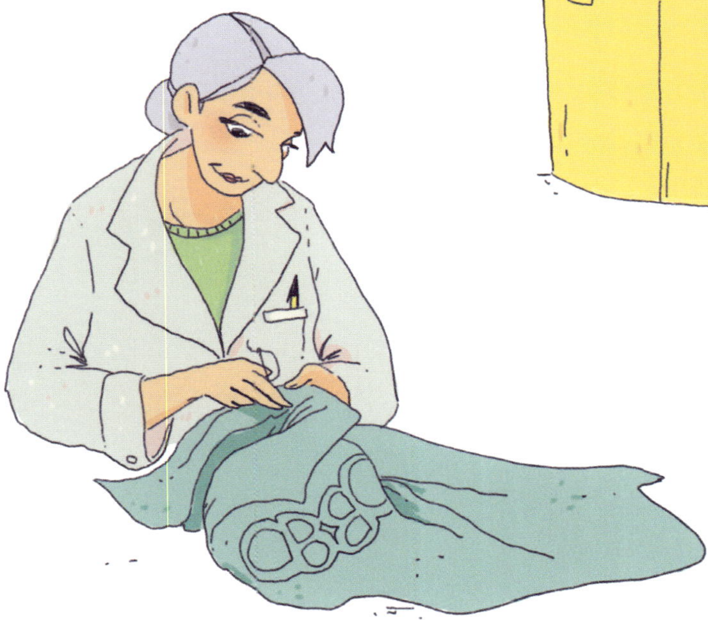

… er von Hand hergestellt wurde.

Umgekehrt kann ein Rucksack billiger sein, wenn ...

... das Unternehmen die letzten Taschen der Wintersaison verkaufen möchte, um in seinem Laden Platz für die Sommersachen zu schaffen. Dafür organisiert es einen Schlussverkauf zu reduzierten Preisen.

... das Unternehmen ihn in einem armen Land herstellen ließ, in dem die Leute nicht gut bezahlt werden und unter sehr schlechten Bedingungen arbeiten.

... er aus recycelten Materialien hergestellt wurde oder nicht neu ist (also schon von jemandem gekauft und benutzt wurde, der ihn aus zweiter Hand weiterverkauft).

Warum verdienen manche Menschen mehr als andere?

Der Lohn für eine Arbeit entspricht normalerweise dem Wert, den die Gesellschaft oder die Leute dieser Arbeit zumessen. Wie erklärt sich also, dass manche Schauspielerinnen 400-mal mehr verdienen als Krankenpfleger oder sogar als andere Schauspieler?

In Wirklichkeit beeinflussen viele Dinge die Höhe der Löhne.

Welche Berufe sind deiner Meinung nach besonders wertvoll für die Gesellschaft?

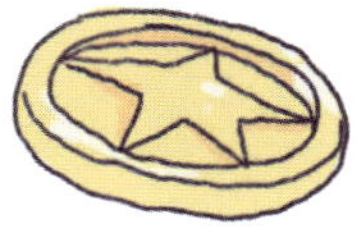

Polizistin / Polizist

Künstler / Künstlerin

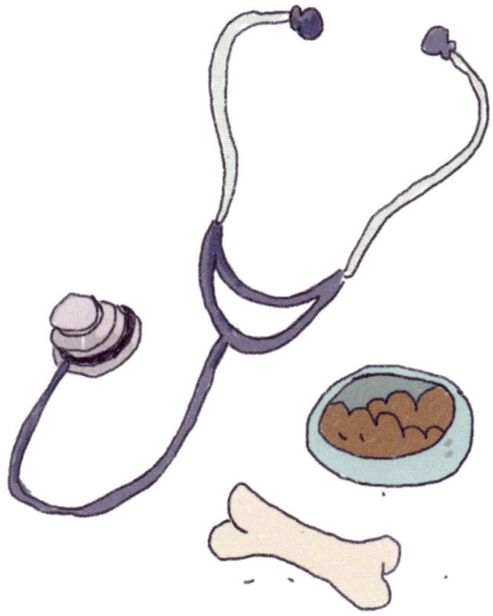

Tierarzt / Tierärztin

Haushaltshilfe

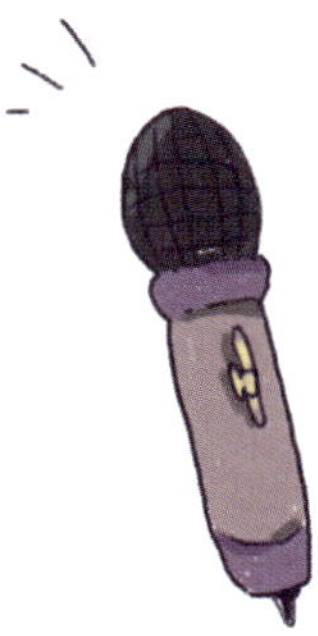

Sängerin / Sänger

Nicht berufstätige Eltern

Unbezahlte Arbeit

Sich um den Haushalt und die Kinder kümmern, für die Nachbarin einkaufen, den Onkel zur Ärztin begleiten, ehrenamtlich für einen Verein arbeiten ... All diese Tätigkeiten werden nicht bezahlt, aber sie sind sehr wertvoll für die Gesellschaft.

Eine Studie hat gezeigt, dass die Leute in der Schweiz pro Jahr 9,8 Milliarden Stunden unbezahlt arbeiten – das ist mehr, als sie bezahlt arbeiten (7,6 Milliarden Stunden pro Jahr). Beeindruckend, nicht wahr? Und in vielen anderen Ländern ist es genauso.

WIR UND DAS GELD

Seit du klein bist, hörst du die Erwachsenen über Geld reden und du siehst, wie sie damit umgehen. Du konntest schon einen kleinen Einblick in die Rolle des Geldes im Leben bekommen und feststellen, dass Erwachsene unterschiedlich reagieren, wenn über Geld gesprochen wird: gestresst, beschämt – oder, ganz im Gegenteil, voller Freude und Stolz.

Wie und was wir über Geld denken, hängt mit unseren Werten und denen unserer Familien zusammen – Überzeugungen nennt man das. Sie werden uns durch unser Umfeld, aber auch durch unsere Kultur und Religion vermittelt. Selbst wenn wir sie nicht immer befolgen, beeinflussen diese Überzeugungen, wie und wofür wir uns entscheiden.

Unsere Überzeugungen

Es gibt Leute, die …

1 **… dem Geld aus dem Weg gehen**
Für einige Leute ist Geld etwas Negatives. »Die Leute würden für Geld alles tun!« »Ich schäme mich dafür, mehr Geld haben zu wollen.« »Ich will lieber nicht drüber nachdenken oder sprechen, das macht mich nervös.«

2 **… das Geld lieben**
Für einige Leute ist Geld etwas Positives. »Geld bedeutet so etwas wie Freiheit oder Glück.« »Je mehr man hat, desto glücklicher ist man.« »Man kann sich mehr Sachen kaufen.«

3 **… sich mit ihrem Geld identifizieren**
Für einige Leute ist das Geld ein Teil ihres Selbstbildes (oder des Bildes, das sie von sich vermitteln wollen): Es verleiht ihnen Bedeutung. »Ist dir meine Tasche aufgefallen?« »Schau dir mein Luxusauto an!« »Ich will deinen Respekt und deine Liebe!«

4 **… auf ihr Geld achtgeben**
Für einige Leute ist Geld viel wert. »Geld bedeutet Sicherheit, man muss es aufheben!« »Ich gebe nicht gern aus, ich spare lieber.« »Geldangelegenheiten stressen mich.« »Mir machen sie eher Sorgen.«

Unsere Überzeugungen können sich mit der Zeit verändern.

Braucht man viel Geld, um glücklich zu sein?

Das ist eine wichtige Frage. Gehen wir ihr mithilfe zweier bekannter Geschichten nach!

Das Gold des Midas

Midas war der König von Phrygien, einer Region zwischen dem Schwarzen Meer und dem Mittelmeer. Er war besessen von Reichtum und wollte immer mehr Geld haben.

Eines Tages gewährte ihm der Gott Dionysos einen Wunsch. Midas verlangte, alles, was er berühre, solle sich in Gold verwandeln. Sein Wunsch wurde wahr.

Als er sich jedoch zu Tisch begab, konnte er nichts zu sich nehmen, da sich all sein Essen in Gold verwandelte. Er konnte noch nicht einmal mehr seine Kinder umarmen, weil auch sie sich in Goldstatuen verwandelten, sobald er sie berührte.

Midas erkannte, dass das Geld seine einfachsten und zugleich wesentlichsten Bedürfnisse nicht befriedigen konnte: Liebe und Essen. Also bat er Dionysos, ihn von seinem Wunsch zu erlösen.

Die Fabel vom Fischer

Ein Fischer ruhte sich im Schatten einer Palme aus. Da kam ein reicher Mann des Weges und ermunterte ihn, mehr zu arbeiten.

Woher weiß man, ob man genug Geld verdient?

Genug Geld hat man, wenn man gut leben kann und sich keine Sorgen machen muss, ob man es schafft, alle Rechnungen (für Essen, Versicherungen, Wohnung, Kleidung usw.) zu bezahlen.

Woher weiß man, ob man reich ist?

Das ist eine schwierigere Frage. Man könnte sagen: Reich sind Leute, die keine Geldsorgen und eine gute Lebensqualität haben und denen es an nichts Wesentlichem fehlt.

Doch wenn wir uns umsehen, stellen wir fest, dass es zwischen den Menschen und auch zwischen den Ländern enorme Unterschiede gibt. Im Vergleich zu Leuten, die nicht genug zu essen haben, sind wir vielleicht reich. Im Vergleich zu Leuten, die jeden Tag neue Kleider tragen, scheinen wir vielleicht eher arm.

Außerdem gibt es tausend Formen von Reichtum. Man kann reich sein an Erfahrungen, an Begabungen, an Gefühlen, an Kontakten, an Gesellschaft ... »Reich sein« bedeutet nicht automatisch »viel Geld haben«.

Geld und Glück

Geld und Glück werden oft zusammengedacht. Übrigens gilt in vielen Ländern Geld immer noch als Indikator für Reichtum und Glück. Aber ein paar Länder wie Bhutan und Neuseeland halten das als Kriterium für nicht ausreichend. Um das Glück in ihren Ländern zu messen, befragen sie ihre Einwohnerinnen und Einwohner lieber zu ihrer Lebensqualität – ihrem Bildungsniveau, ihrer Gesundheit, ihrer Freizeit, ihren kulturellen Aktivitäten und der Qualität ihrer Umwelt.

AUSGEBEN UND AUFWENDEN

Woran denkst du, wenn du die Wörter »ausgeben« und »aufwenden« hörst?

Geld ausgeben oder auch aufwenden, um etwas zu kaufen, aber auch seine Zeit oder Energie aufwenden.

»Ausgeben« und »aufwenden« bedeuten also: Man benutzt die Ressourcen, die man hat, um Bedürfnisse zu befriedigen oder sich eine Freude zu bereiten.

Was passiert in dir, wenn du Geld ausgibst?

1 **Dopamin** löst ein Begeisterungsgefühl in dir aus.

2 **Serotonin** lässt dich Genuss und Freude fühlen, wie wenn dir jemand etwas schenkt.

3 Manchmal fühlst du durch **Cortisol** auch Stress (wenn du dich nicht entscheiden kannst), Bedauern oder Schuld (nachdem du etwas gekauft hast).

Meistens fühlst du dich gut, wenn du Geld ausgibst. Vielleicht bist du sogar übermütig! Das sind eigentlich die Reaktionen deines Körpers: Er setzt Hormone frei, die deine Stimmung beeinflussen.

All diese Gefühle sind völlig normal. Zu verstehen, was in dir passiert, wenn du etwas kaufst, hilft dir dabei, ein gutes Gleichgewicht zu finden zwischen den Gefühlen, die dir guttun, und solchen, die dich verunsichern.

Erst überlegen, dann ausgeben

Mit den modernen Zahlungsmitteln ist Geld fast unsichtbar geworden. Man sieht es nicht mehr von einer Person zur anderen wandern. Deshalb ist man sich manchmal gar nicht bewusst, wie viel Geld man ausgibt und wie viel Geld man noch hat. Man muss aufpassen, nicht mehr Geld auszugeben, als man hat!

Jedes Mal, wenn du etwas kaufen möchtest, kannst du deinen inneren Kompass zurate ziehen. Dafür kannst du dir folgende Fragen stellen:

1 Brauche ich das wirklich?

2 Wird mich dieser Kauf lange glücklich machen?

Wenn die Antwort auf eine dieser Fragen »ja« ist, lohnt sich der Kauf wahrscheinlich. Aber bevor du zur Kasse gehst, gibt es noch andere wichtige Fragen:

3 Scheint der Preis angemessen?

4 Habe ich genügend Geld?

5 Wofür sonst könnte ich mein Geld nutzen, wenn ich das jetzt nicht kaufe?

Den Planeten schützen

Jedes Mal, wenn du etwas kaufst und benutzt, »verbrauchst« du – so nennt man das. Jeden Tag verbrauchen wir Essen, aber auch Kleidung, Spielzeug, Papier, Plastik, unser Fahrrad ...

Jeder unserer Einkäufe hat eine Auswirkung auf den Planeten, denn jede Sache wird aus natürlichen Rohstoffen hergestellt. Für unser Frühstücksei braucht man Hühner. Und um die Hühner zu füttern, braucht man Körner. Für den Stoff unserer Kleidung braucht man Wasser und Erde, damit die Baumwolle wachsen kann. Für unser Holzspielzeug muss man Bäume fällen. Für unser Fahrrad muss man Metall aus der Erde holen.

In Europa und den USA verbrauchen die Leute viel zu viel, sie kaufen oft zwanghaft. Würden alle auf der Welt so viel verbrauchen, bräuchten wir 3 bis 5 Planeten, damit es für alle reichte!

Aber wie können wir gut und gleichzeitig verantwortungsvoll leben? Zum Beispiel, indem wir unser Spielzeug und unsere Kleidung länger nutzen, bevor wir etwas Neues kaufen, oder indem wir gebrauchte oder wiederverwertete Produkte kaufen. Solche kleinen Gesten verringern unsere negative Auswirkung auf den Planeten.

SPAREN

Das Verb »sparen« kommt von dem althochdeutschen Adjektiv *spar* (sparsam, knapp). Seit dem 16. Jahrhundert bedeutet es: etwas zurücklegen, nicht aufbrauchen. Übrigens kann man nicht nur Geld sparen, sondern auch Kräfte.

»Sein Geld sparen« – das sagt man, wenn man es zurücklegt (ins Sparschwein oder bei der Bank) und nicht ausgibt – bis zu dem Tag, wo man es braucht.

Man spart immer ein bisschen, um später etwas zu kaufen. Hat man die Summe einmal beisammen, kann man sich leisten, wovon man geträumt hat.

Man spart auch, damit man auf einen Notfall reagieren kann. Zum Beispiel ist es praktisch, Geld gespart zu haben, wenn dein Fahrrad einen Platten hat und du es reparieren lassen willst.

10 Jahre

100 Münzen

30 Jahre

265 Münzen

Warum bringt man Ersparnisse zur Bank?

Wenn wir unser Geld zur Bank bringen, zahlt sie uns Zinsen aus. So wächst die Menge an Geld, die wir haben.

Stell dir vor, du bringst 100 Münzen zur Bank, die sie für dich auf einem Konto aufhebt. Am Ende jedes Jahres gibt dir die Bank 5% Zinsen. Das sind 5 Münzen am Ende des ersten Jahres. Du hast dann also 105 Münzen auf deinem Bankkonto.

Am Anfang macht das keinen großen Unterschied. Aber schau dir an, was nach mehreren Jahren passiert. Die Summe, die du von der Bank bekommst, wird immer größer. Das ist die »Zinseszins-Zauberei«.

60 Jahre

1147 Münzen

SPENDEN

Das Verb »spenden« bedeutet »für einen bestimmten Zweck schenken oder geben«.

Wenn man Leuten, die man nicht kennt, Dinge oder Geld spendet (zum Beispiel über einen Verein), ist das philantropisch. Dieses Wort stammt aus dem Griechischen und bedeutet »menschenliebend«.

Spenden kannst du auf vielerlei Weise. Du kannst einer Person ein Geschenk kaufen, ihr einen Gutschein für ein Geschäft besorgen oder ihr direkt Geld geben, das sie dann verwenden kann, wie sie will.

In allen drei Fällen passiert das Gleiche wie beim Geldausgeben. Der große Unterschied ist aber, dass du es für eine andere Person und nicht für dich selbst ausgibst.

Mit deinen Spenden kannst du direkt oder indirekt Einfluss nehmen. Wenn du Schildkröten schützen willst, kannst du zum Beispiel eine Organisation unterstützen, die an Stränden Müll einsammelt. Oder eine Organisation, die die Regierung dazu bringen will, die Gesetze so zu ändern, dass weniger Plastik produziert und benutzt wird.

Die Ökonomie des Teilens

Den Menschen wird immer klarer, wie wichtig es ist, sich gegenseitig zu unterstützen und die negativen Einflüsse unseres Lebensstils auf die Umwelt zu verringern.

Dank Internet und neuer Technologien gibt es mittlerweile viele Möglichkeiten, wie wir uns etwas teilen können, anstatt es selbst zu kaufen oder es direkt jemandem zu spenden.

Zum Beispiel können sich mehrere Personen ein Auto teilen, wenn sie zum gleichen Ort müssen. Man kann Werkzeug für den Garten oder zum Bauen teilen, wenn man es nur ab und zu braucht. Oder man kann Bücher teilen, die man schon gelesen hat.

Man kann sogar Essen teilen! So wird verhindert, dass Lebensmittel verderben und weggeworfen werden.

Spendenkörbe und Tafeln

In der Schweiz gibt es solche Körbe vor Supermärkten. Nach dem Einkauf können Leute dort Waren hineinlegen, die sie für Bedürftige gekauft haben.

In Deutschland spenden manche Supermärkte Waren, die zwar noch gut sind, aber nicht mehr verkauft werden können, an die Tafeln. Dort können Menschen, die wenig Geld haben, die Lebensmittel dann kostenlos abholen.

Weniger Essen wegwerfen

Dank Apps wie Too Good to Go können Leute zu reduziertem Preis aus Restaurants oder Bäckereien abholen, was dort bis Ladenschluss nicht verkauft wurde.

INVESTIEREN

Das Wort »investieren« kommt vom lateinischen *investire:* bekleiden, anlegen oder einsetzen. »Jemand wird als Königin investiert« klingt heute etwas altmodisch und bedeutet, dass jemand in diese machtvolle Position eingesetzt wird und sie »bekleidet«.

Wenn wir heute von investieren sprechen, meinen wir vor allem, Geld so einzusetzen, dass es sich vermehrt. Geld hat tatsächlich eine Art Superkraft: Durch Finanzierung können wir eine Idee weiterentwickeln oder ein Projekt in die Tat umsetzen.

Erst verstehen, dann investieren

Wir investieren, wenn wir denken, dass etwas an Wert zunimmt und uns mehr Geld einbringt. Aber niemand kann die Zukunft vorhersagen! Deshalb kann es passieren, dass wir uns irren und Geld verlieren, anstatt welches zu bekommen. Alle Investments bergen Risiken. Einige mehr als andere.

Um mit Bedacht zu investieren, muss man sich über zwei wesentliche Dinge im Klaren sein:

1 In was genau investiert man?

2 Wodurch kann der Wert dieses Investments zu- oder abnehmen?

Wenn man allerdings nur in etwas investiert, weil viele andere Leute das auch tun, nennt man das »spekulieren«. Wie ein Schaf, das seiner Herde folgt, weiß man nicht genau, in welche Richtung es geht. Das kann sehr riskant sein, und womöglich verliert man sein ganzes Geld.

In was kann man investieren?

Man kann in alles Mögliche investieren. Der klassische Weg sind Investments in Unternehmen oder in von Regierungen geförderte Projekte, in Immobilien (Häuser, Gebäude), in Infrastruktur (Häfen, Autobahnen), in Landwirtschaft und Rohstoffe (Weizen, Kaffee, Kupfer, Öl).

Meistens wird über Finanzinstrumente investiert, zum Beispiel per Unternehmensaktien oder per Vertrag in die zukünftige Weizenproduktion oder die Produktion eines anderen Rohstoffs.

Aber Investments können auch ausgefallener sein: Man kauft oder sammelt Dinge, von denen man glaubt, dass sie in Zukunft an Wert zunehmen, zum Beispiel bestimmte Weine, Kunstwerke oder gar Pokémon-Karten.

Seit ein paar Jahren sind auch Investments mit Technologie- oder Umweltbezug möglich: »Blockchain-Token« oder »Emissionszertifikate« zum Beispiel. Das sind Dinge, die man gar nicht sieht. Deshalb ist es noch schwieriger, sie sich vorzustellen und sie zu begreifen.

Blockchain-Token

Die Blockchain ist eine neue Technologie im Internet, die es vielen Leuten ermöglicht, direkt und ohne zwischengeschaltete Stelle etwas zu erschaffen und auszutauschen. Auf einer Blockchain können viele Dinge entwickelt werden. In diese Projekte kann man investieren, indem man mit ihnen verbundene Token – das heißt Jetons – kauft. Man kann auch Token kaufen, die mit etwas Einzigartigem verbunden sind, einem digitalen Kunstwerk zum Beispiel.

Emissionszertifikate

Heutzutage kann man auch in Dinge investieren, die die Natur für uns leistet. Zum Beispiel mindern Bäume die globale Erwärmung, indem sie Kohlendioxid (CO_2) aus der Luft aufnehmen. Wenn du dein Geld investierst, damit mehr Bäume gepflanzt werden, kannst du dafür »Emissionszertifikate« bekommen. Sie haben deshalb einen Wert, weil sie an Unternehmen, die ihren Kohlendioxidausstoß verringern wollen, weiterverkauft werden können.

DAS GELD IN DER WELT

STELL DIR EINE WELT OHNE GELD VOR

Kleidung

Alle Menschen haben Bedürfnisse und Wünsche, die sie befriedigen wollen – und zwar schon immer.

Schlaf, Nahrung, Wärme

Aber es ist nicht so leicht, allein für alles zu sorgen. Als die Menschen in kleinen Gruppen zusammenlebten, trug jeder bei, was er konnte, und bekam, was er brauchte. Alles wurde geteilt.

Im Laufe der Zeit stellten die Menschen fest, dass sie effizienter sein konnten, indem sie sich spezialisierten und untereinander tauschten. So begann die Zusammenarbeit.

Spaß

Der Tauschhandel und seine Grenzen

Je ausdifferenzierter ihre Bedürfnisse wurden, desto mehr spezialisierten sich die Leute und tauschten untereinander. Lange gab es allerdings noch kein Geld. Kooperiert wurde mittels eines bestimmten Systems: des Tauschhandels.

Tauschhandel bedeutet, dass ein Ding gegen ein oder mehrere andere Dinge getauscht wird.

Der Tauschhandel ist ziemlich kompliziert. Es kommt selten vor, dass zwei Personen im gleichen Moment genau das brauchen oder haben möchten, was die jeweils andere Person ihnen anbietet. Damit der Tauschhandel funktioniert, müssen sich die beiden Personen außerdem über den Wert der Dinge einig sein, die sie tauschen wollen. Das ist gar nicht so einfach.

Je größer eine Gruppe ist (ein Dorf, eine Region oder ein ganzes Land), desto komplizierter wird der Tauschhandel. Und deshalb wurde das Geld erfunden!

Gibt es heutzutage noch Tauschhandel?

Tauschhandel gibt es immer noch. Wir begegnen ihm in der Schule, der Natur, im Internet oder in Phasen von materieller Knappheit, zum Beispiel nach Erdbeben oder Kriegen.

WOHER KOMMT GELD?

Mit der Zeit wurde den Menschen klar, dass sie, anstatt ein Ding gegen ein anderes zu tauschen, auch etwas Neutrales nutzen konnten. Diese neutralen Dinge leiteten vom direkten Tauschsystem zu einem indirekten Tauschsystem über. Und heute nennt man diese neutralen Tausch- und Zahlungsmittel »Geld«.

Im Prinzip kann jedes beliebige Ding als Tausch- und Zahlungsmittel dienen. Vor allem muss es praktisch sein. Und damit es funktioniert, ist noch eine weitere besondere Zutat nötig: Vertrauen.

Wozu dient Geld?

Geld spielt eine große Rolle in unserem Leben und in der Welt.

- Zuallererst unterstützt es den Austausch.
- Dann ermöglicht es, den Wert unterschiedlicher Dinge zu vergleichen.
- Außerdem ist es so gedacht, dass sein Wert über die Zeit gleich bleibt – im Gegensatz etwa zu für den Tauschhandel genutzten Lebensmitteln, die irgendwann verderben.

Geld oder Reichtum

Geld ist also ein Ding, ein Werkzeug. Es macht keinen Reichtum aus: Was uns ermöglicht, voranzukommen und erfolgreich zu sein, ist das Nutzen unserer Intelligenz, das Nutzen von Rohstoffen und unserer Arbeit sowie unsere Fähigkeit zu Austausch und Kooperation.

Welche Dinge könnten als Geld genutzt werden?

Theoretisch alle! Aber in der Praxis haben sich einige als zweckmäßiger erwiesen als andere.

Welche Dinge wären gut als Währung geeignet?

- Butter? Die ist zwar leicht aufzuteilen, aber sie schmilzt auch leicht.
- Lego-Steine? Die sind leicht zu transportieren, werden aber zum Spielen gebraucht. Außerdem haben viele Leute welche ... Sie sind also nicht selten genug.
- Hühner? Die haben zwar eine praktische Größe, aber das Problem ist, dass sie abhauen könnten – und plötzlich wäre das Geld weg! Das ist zu riskant.

Muschelschalen gehörten zu den ersten Währungen. Sie waren ein gutes Tausch- und Zahlungsmittel, denn sie sind:

- selten, aber nicht unmöglich zu finden
- gut zu transportieren und zu zählen
- schwer herzustellen oder zu fälschen
- stabil, denn ihre Form und ihr Gewicht ändern sich nicht, egal wie lange oder wie intensiv sie in Gebrauch sind

Warengeld

Muscheln

Als Zahlungsmittel wurden viele Dinge genutzt: Perlen, Steine, Metalle, Gerste, Reis, Salz, Zucker, Alkohol, Tabak und noch vieles mehr.

Vor ungefähr 400 Jahren diente Zucker in Europa als Zahlungsmittel. Die Zuckergewinnung war damals schwierig. Da er selten, leicht zu transportieren und aufzuteilen war, nutzte man Zucker als Tauschmittel. Später wurden Methoden erfunden, die seine Produktion deutlich erleichterten, und Zucker wurde zu einer sehr gewöhnlichen Zutat, die nicht viel kostet und in vielen Speisen enthalten ist. Heute bezahlen wir nicht mehr mit Zucker – als Lebensmittel hat er einen höheren Wert denn als Tauschwährung.

Verschiedene Währungen

Menschen haben eine Vielzahl an Währungen benutzt: Kauri-Muscheln in Asien, Europa und Afrika, Perlen in Amerika, Vieh im alten Griechenland, Schnecken in Schottland, Kupfer im alten Ägypten, Zucker auf den Antillen, Salz in Äthiopien, Walzähne auf den Fidschi-Inseln, Leder in China, Tee in Sibirien und der Mongolei usw.

Kieselsteine

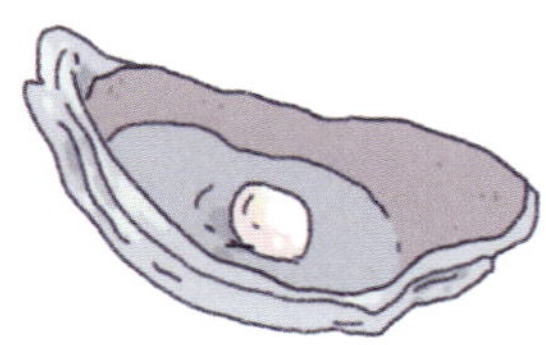

Austern

Wer kontrollierte das Warengeld?

Niemand. Anfangs konnten alle nach Belieben eine Währung erfinden oder einführen. Aber dazu waren Zeit und Energie nötig.

Nur wenn genügend Leute einverstanden waren, ein bestimmtes Warengeld zu benutzen, lohnte es sich, es zu erschaffen. Andernfalls diente es zu nichts.

Warengeld konnte auf zwei Weisen in den Wirtschaftskreislauf eingeführt werden:

- Wer an ihrer Herstellung mitarbeitete, wurde auch in dieser Währung bezahlt. Diese Leute nutzten das neue Warengeld dann, um damit ihre Kleidung, Nahrung usw. zu kaufen.
- Andere Leute, die dieses Warengeld auch nutzen wollten, erhielten es durch Tauschhandel: Sie boten eine Ware oder eine Dienstleistung (Putzen, Reparaturen) an und ließen sich in der neuen Währung bezahlen.

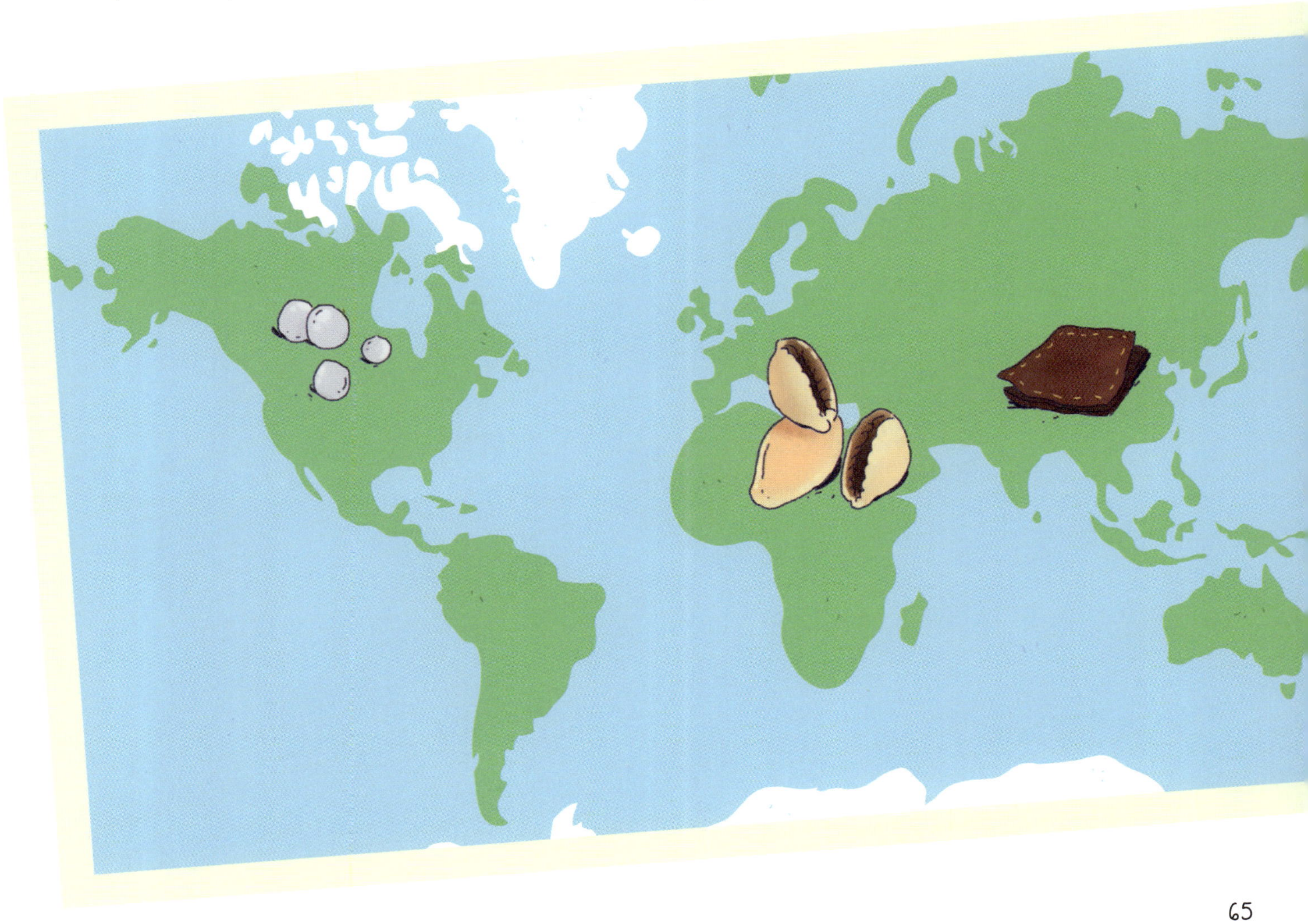

Münzgeld

Lange waren Edelmetalle (Gold, Silber) nur eine Währungsart unter vielen (Muscheln, Zucker, Salz usw.).

Einige tausend Jahre vor unserer Zeitrechnung begannen allerdings immer mehr Leute, Edelmetalle als Währung zu nutzen. Gold und Silber hatten in der Tat mehrere Vorteile: Sie sind zu finden, aber sie sind selten. Man kann sie nicht selbst herstellen oder verändern. Ihr Wert ändert sich nicht mit der Zeit. Und außer für Schmuck werden sie kaum genutzt.

Je mehr Leute Gold und Silber als Währung gebrauchten, desto mehr andere Leute wollten das auch – denn diese Währungen waren bereits vielerorts akzeptiert und deshalb konnte man sie in vielen Bereichen zum Tauschen nutzen.

Bei Videos, die in sozialen Medien geteilt werden, ist es genauso. Je mehr Leute sie mögen, desto öfter werden sie geteilt und desto populärer werden sie!

Kann man nicht einfach mehr Geld produzieren?

Mehr Geld herzustellen ist verlockend. Dann hätten alle endlich genügend Geld! Die Anzahl der Waren, die man damit kaufen könnte, bliebe jedoch gleich, und deshalb würde ihr Preis steigen.

Mehr Geld zu produzieren ist also keine gute Idee. Geld ist nur dann etwas wert, wenn man etwas damit machen kann. Aber wenn die Preise zu hoch sind, nützt es nichts, viel Geld zu haben.

Deshalb reguliert sich die Geldschöpfung normalerweise »von selbst« und findet ihr eigenes Gleichgewicht.

Mehr Geld herzustellen wäre, wie mehr Wasser in ein Glas zu gießen: Die Preise stiegen wie die Schiffe in die Höhe.

Woher kommt das Münzgeld?

Mittelmeerraum, um 650 v. Chr. Die ersten Münzen wurden am Ägäischen Meer (heutiges Griechenland und heutige Türkei) geprägt – und zwar mit dem Hoheitszeichen des Königs oder der Stadt, woher sie stammten. Das schuf bei den Leuten Sicherheit und Vertrauen, die Münzen zu nutzen. Dank des Handels zwischen den Städten verbreiteten sie sich immer schneller und in immer größerer Entfernung.

Rom, um 200 v. Chr. Die Römer prägten ab dem 3. Jahrhundert v. Chr. Münzen. Durch das Römische Reich wurde ihr Münzgeld zur einzigen Währung in ganz Europa. Es war das erste Währungssystem. Nach dem Zerfall des Reiches gab es in Europa wieder verschiedene Währungen.

China, um 200 v. Chr. Der Kaiser Qin Shi Huang Di vereinigte die chinesischen Reiche und baute die Chinesische Mauer weiter. Er führte auch eine einheitliche Währung ein: eine runde Kupfermünze mit einem viereckigen Loch. Diese Münze wurde bis 1837 in China genutzt.

Woher kommt das Wort »Münze«?
Die Römer prägten ihre Geldstücke im Tempel der Göttin Juno. Diese Schutzgöttin wurde auch »Moneta« genannt (vom Lateinischen *monere*, was »beraten« heißt). Das Wort »Münze« geht auf diese Verbindung der Geldstücke mit »Moneta« zurück. An dem umgangssprachlichen Ausdruck »Moneten« ist das noch besser zu erkennen.

Papiergeld und wie Banken entstanden sind

Silber oder Gold im Haus oder unterwegs bei sich zu haben war riskant. Es konnte jederzeit gestohlen werden.

Ab etwa dem 17. Jahrhundert vertrauten reiche Leute ihr Silber und andere Edelmetalle Goldschmieden an. Diese Handwerker fertigten aus Gold und Silber Waren an (Lampen, Geschirr) und hatten Tresore, um die wertvollen Rohstoffe sicher aufzubewahren.

Nach und nach verwandelten sich diese Orte in Depot-Banken. Die Goldschmiede bewahrten das Geld anderer Leute treuhänderisch in ihren Tresoren auf und händigten ihnen dafür ein Stück Papier aus, auf dem der Wert ihres Geldes notiert war.

Was bedeutet »treuhänderisch«?
Wenn du jemandem etwas Wertvolles »zu treuen Händen« übergibst, damit er es für dich aufbewahrt, vertraust du dieser Person. Papiergeld funktioniert auch auf Vertrauensbasis: Das Papier selbst ist kaum etwas wert – was zählt, ist der Betrag, den es repräsentiert! Das funktioniert, solange die Leute darauf vertrauen, dass ein 10er-Geldschein gegen etwas getauscht werden kann, das 10 wert ist.

WER STELLT HEUTE GELD HER?

Nach und nach haben Regierungen die Kontrolle über das Geld übernommen. Sie haben entschieden, welchem Gold- und Silberwert das Papiergeld entspricht.

Außerdem haben die Regierungen Staatsbanken gegründet (heute heißen sie »Zentralbanken«). Sie allein dürfen Papiergeld drucken und in Umlauf bringen.

Kurz nach der Unabhängigkeitserklärung der Vereinigten Staaten von Amerika 1776 legte die amerikanische Regierung fest, dass ein Dollar dem Wert von 371,25 Grains reinem Silber entspricht. Außerdem wurde das Verhältnis zwischen Gold und Silber bestimmt.

Das Ende des Goldstandards

Dennoch blieb Gold lange der Maßstab: Geldscheine konnten jederzeit in Gold umgetauscht werden.

Im Laufe der letzten 200 Jahre hat sich unsere Welt allerdings stark verändert. Heute treiben sogar sehr weit voneinander entfernte Länder Handel miteinander.

Gleichzeitig veränderte sich auch das Währungssystem und der US-amerikanische Dollar wurde zur weltweiten Referenzwährung. Eine Zeitlang konnten die Währungen von allen möglichen Ländern in Dollar umgetauscht werden, aber nur der Dollar selbst in Gold.

Doch die USA machten diesem System ein Ende: Seit 1971 kann Papiergeld nicht mehr in Gold umgetauscht werden, was das Ende des Goldstandards bedeutete.

Seitdem hängt das Geld nicht länger von realen Dingen wie Gold ab. Stattdessen basiert es ausschließlich auf Vertrauen.

Digitales Geld

Die technologischen Neuerungen seit Anfang der 2000er-Jahre haben eine Entwicklung hin zu digitalem Geld angestoßen. Anstelle des Bargeldes (auf Englisch *cash*), also der Münzen und Banknoten, wird das Geld einfach per Computer auf Bankkonten verbucht.

Die auf dem Bankkonto angegebene Summe entspricht in der Regel dem Geld, das die Bank für die Kontoinhabenden bei sich aufbewahrt. Wenn das Konto dir gehört, kannst du dieses Geld bei der Bank abheben.

Das Banken- und Geldsystem funktioniert weiterhin, selbst wenn das Geld unsichtbar ist und man es nicht anfassen kann. Auch das digitale Geld beruht auf Vertrauen.

Zentral- und Geschäftsbanken

Heutzutage sind es die Regierungen, die durch die Zentralbanken Geldscheine und Münzen herstellen lassen. Auch die Geschäftsbanken schöpfen Geld, indem sie Unternehmen und Personen mehr Geld leihen, als sie in ihren Tresoren haben.

Inzwischen schöpfen die Geschäftsbanken deutlich mehr Geld als die Zentralbanken.

Wie können Banken mehr Geld verleihen, als sie haben?

Um dieses System zu verstehen, müssen wir zu den Vorfahren der Banken zurückkehren: den Goldschmieden des 17. Jahrhunderts. Bei ihnen zahlten Leute ihr Geld ein, und andere kamen und liehen es sich.

Die Goldschmiede spekulierten dabei auf Folgendes: »Diejenigen, die bei uns Geld einzahlen, werden nicht alle gleichzeitig kommen, um es abzuholen. Also können wir ihr Geld verleihen, während wir warten. Mit dem Papiergeld, können wir sogar mehr ausleihen, als wir tatsächlich haben. Solange wir genügend Geld auf der Seite haben, um es den Personen, die uns das Geld anvertraut haben, zurückzugeben, sollte es funktionieren.

Finanzkrisen

In der Geschichte des Geldes gab und gibt es viele Vertrauenskrisen. Das sind Momente, in denen die Leute denken, dass es den Banken nicht gut geht, und alle gleichzeitig ihr Geld zurückhaben wollen – oder Spekulationsblasen, die für viele Länder schwerwiegende Folgen haben.

Die Tulpen-Blase gilt als eine der ersten Spekulationsblasen der Geschichte. Seither gab es viele weitere Finanzkrisen. Manchmal beschränken sich ihre Auswirkungen auf einzelne Länder, wie 1720 die Mississippi-Blase in Frankreich und die Südsee-Blase in Großbritannien. Da die Welt jedoch immer stärker vernetzt ist, betreffen solche Krisen inzwischen immer mehr Länder. Der Börsencrash 1929 in den USA, das Platzen der Dotcom-Aktienblase 2001 sowie der Subprime-Aktienblase 2008 lösten globale Finanzkrisen aus.

Die Tulpen-Blase (1620–1637)

Vor ungefähr 400 Jahren kamen die ersten Tulpen nach Europa. In einigen Ländern, darunter Holland, fanden die Leute diese Blumen wunderschön und kauften sehr viele davon. Als sie das beobachteten, kauften manche Leute Massen an Tulpenzwiebeln, um sie danach teurer weiterzuverkaufen. Die Tulpenmanie ließ den Tulpenzwiebelpreis explodieren! Angesichts der schwindelerregenden Preise wollten nun alle Leute lieber wieder verkaufen. Deshalb brachen die Preise ein und viele Leute verloren sehr viel Geld.

UND DIE ZUKUNFT VON GELD?

Die Grundlage von allem ist Vertrauen. Seit Anbeginn der Geschichte des Geldes war das so: Egal, ob neutrale Dinge als Tauschmittel dienen, ob Geld bei einem Goldschmied oder einer Bank hinterlegt oder ob Papiergeld benutzt wird – jeglicher Austausch von Geld beruht auf Vertrauen.

Kooperation oder Zusammenarbeit von Menschen ist der Schlüssel zum Fortschritt. Ohne Kooperation hätten wir uns vor 200 000 Jahren nicht entwickeln und zur erfolgreichsten Gattung der Erde werden können. Um eine Rakete auf den Mond zu schießen oder eine Nordpolexpedition durchzuführen, müssen eine Menge Leute zusammenarbeiten.

Und damit die Kooperation auch klappt, ist diese magische Zutat nötig: Vertrauen.

Alles ist möglich

Wie sieht wohl die Zukunft des Geldes aus?

- Werden wir zu einem Tauschhandel-System zurückkehren? Es gibt bereits neue Internet-Plattformen, die das Tauschen innerhalb einer Gemeinschaft vereinfachen.
- Wird es auf der ganzen Welt nur noch eine einzige Währung geben? Wenn ja, auf welche könnten alle Länder sich einigen?
- Werden wir neue Geldarten wie die Kryptowährungen erfinden? Ein paar gibt es schon, zum Beispiel Bitcoin oder Ethereum. Sie funktionieren auf Blockchain-Basis (siehe S. 55).
- Werden wir versuchen, Geld wieder mit einer Idee von Knappheit zu verbinden? Wenn ja, welcher reale Gegenstand würde es dem System ermöglichen, sich am besten selbst zu regulieren?

Nachhaltige Finanzwirtschaft

Das Herzstück der Wirtschaft ist das Geld. Es ist ein Motor des Fortschritts. Die Wirtschaft beruht aber auch auf der Nutzung natürlicher Ressourcen (zum Beispiel Wasser, Holz und Mineralien). Sehr lange wurden diese Rohstoffe genutzt, ohne dass man sich Gedanken über die Folgen für den Planeten machte.

Das kann nicht ewig so weitergehen, weil die Rohstoffe sich erschöpfen und die Gefahr besteht, dass die Wirtschaft zusammenbricht. Deshalb müssen wir unsere natürlichen Rohstoffe schützen und ihren tatsächlichen Wert anerkennen.

Bei dieser Herausforderung spielt Geld eine wichtige Rolle. Durch jede kleine oder große Entscheidung können wir unsere Lebensqualität, unser Wohlergehen verbessern und gleichzeitig die Natur schützen. Das ist nachhaltige Finanzwirtschaft!

Denn letzten Endes führen Ökonomie und Ökologie zusammen. Beide stammen vom altgriechischen Wort *oikos* ab, das »Haus« bedeutet. Es geht also darum, das einzige Haus, das wir haben – den Planeten Erde –, für uns selbst und für kommende Generationen gut zu verwalten.

Die Geschichte dieses Buches

Oft enden Kinderbücher damit, dass die Protagonisten einen Schatz finden. Aber warum dort aufhören? Diese Frage hat Cecile Biccari keine Ruhe gelassen. Sie hat entschieden, selbst die Fortsetzung dieser Geschichte zu schreiben und ihren Kindern damit zu erklären, wie ihr Geld – und das, was sie damit machen – die Welt beeinflusst. Und aus dieser Idee wurde das Buch *Dein Geld und die Welt* geboren.

Cecile Biccari

Cecile Biccari ist Spezialistin für nachhaltige Finanzwirtschaft. Seit mehr als 20 Jahren begleitet sie Investorinnen und Investoren in nachhaltiger Finanzentwicklung. Sie liebt Puzzles und mag es, Ideen zu verbinden, ihre Kenntnisse zu teilen und im Team Lösungen für die Probleme von morgen zu finden. Cecile ist Franko-Schweizerin und lebt in Zürich.

Naïade Lacolomb

Als Kind liebte es Naïade Lacolomb, in die Details der Illustrationen ihrer Lieblingsbücher einzutauchen. Und noch heute hat sie als Illustratorin und Drehbuchautorin eine Vorliebe für lebendige Szenarien. Die leidenschaftliche Autodidaktin mag es, neue Techniken und Formate – von Dokumentarfilm bis Fantasy – auszuprobieren. Naïade lebt in der Bretagne.

Und es geht noch weiter! Finde tolle Extras auf https://hello.helvetiq.com/de/geld-welt-bonus